Ruídos Mentais

Reflexão em Pequenas Doses

Luiz C. V. Martins

www.dvseditora.com.br
São Paulo, 2013

Ruídos Mentais

Reflexão em Pequenas Doses

Copyright© DVS Editora 2013
Todos os direitos para a língua portuguesa reservados pela editora.

Nenhuma parte dessa publicação poderá ser reproduzida, guardada pelo sistema "retrieval" ou transmitida de qualquer modo ou por qualquer outro meio, seja este eletrônico, mecânico, de fotocópia, de gravação, ou outros, sem prévia autorização, por escrito, da editora.

Produção Gráfica, Diagramação: Spazio Publicidade e Propaganda

Dados Internacionais de Catalogação na Publicação (CIP)
(Câmara Brasileira do Livro, SP, Brasil)

Martins, Luiz C. V.
   Ruídos mentais : reflexão em pequenas doses /
Luiz C. V. Martins. -- São Paulo : DVS Editora,
2013.

1. Poesia brasileira I. Título.

13-08827   CDD-869.91

Índices para catálogo sistemático:
1. Poesia : Literatura brasileira   869.91

Ruídos Mentais

Reflexão em Pequenas Doses

Luiz C. V. Martins

www.dvseditora.com.br
São Paulo, 2013

Dedicatória

Meu desejo não é brincar com as palavras ou com as armadilhas da linguagem.
Não ouso chamar estes textos de poesia.
Nem de filosofia.
Talvez sejam poesia ou filosofia baratas.
Ou talvez sejam apenas pensamentos.

O que desejo é provocar uma pequena faísca de reflexão.
É encontrar pequenos motivos para fazer um mundo melhor.
Desejo que você possa sentir-se livre para pensar.
E talvez achar-se ou perder-se em sua própria imaginação.
Talvez alguma coisa disso tudo faça sentido.
Talvez não.
Como a vida deve ser.

Sem a Paula, o Guilherme e a Eduarda, este livro seria apenas desejo.
Sem o Luis Altenfelder, este livro seria apenas delírio.

Aos sábios que me ajudaram a transformar delírio e desejo em realidade, sou eternamente grato.

Reflexão em Pequenas Doses

Eu renuncio à minha prévia existência.
Deixo pra trás o que já encontrei.
A partir de agora, procuro.
Alguns passam a vida procurando.
Outros encontram.
Muitos fingem que encontram.
Será que aqueles que encontraram são melhores do que aqueles que continuam procurando?
Não sei.
Procurar me parece mais divertido do que encontrar.
Encontrar é um pouco como morrer.
A partir de agora estou vivo.

Ruídos Mentais

O que escrevo aqui são os fragmentos de um espelho.
Pedaços que juntos formam uma imagem refletida no tempo.
E que se tornam parte de quem sou.

Algumas coisas não devem ser ditas de forma tradicional.
Algumas vezes, as regras precisam ser quebradas.
Algumas palavras são insuficientes.

Ruídos Mentais

Entrar nos olhos de alguém, pelos olhos, para enxergar o que não se pode ver.
Entender.

Reflexão em Pequenas Doses

Morri e a primeira coisa que fiz foi ver você tomando banho nua. Gozei.

Ruídos Mentais

Posso ver através dos seus olhos.
A sua alma, a sua dor, o seu mistério.
E deitar no chão sem mais nada pra fazer.

Reflexão em Pequenas Doses

Vou ao cinema.
Quero ver um filme com você.
Mas você nem sabe que eu existo.
Sento duas cadeiras atrás.
Não vejo o filme.
Vejo você sorrir.
Vejo você chorar.
Vejo você suspirar.
Vejo você sonhar.
E pra mim isso basta.

Ruídos Mentais

Perdi minha referência.
O que eu achava antes, não acho mais.
Tenho a esperança que as coisas voltem a ser como eram.
Assim não preciso me adaptar.

Reflexão em Pequenas Doses

Faço pequenos ajustes no meu plano.
Cochilo.
Espero a sua hora.
Nada sai como planejado.

Ruídos Mentais

Ando por vales e montanhas.
Nado em represas e lagos.
Morro por asfixia ou vivo pelo ar fresco?

Reflexão em Pequenas Doses

O tempo.
O sol.
A chuva.
A hora.
Um segundo ao seu lado é todo o tempo que preciso.
E então se faz o sol ou a chuva.

Ruídos Mentais

Eu não consigo parar de olhar pra você.
Eu não quero parar de olhar pra você.
Eu não posso parar de olhar pra você sem morrer.

Reflexão em Pequenas Doses

Andei por lugares escuros
na esperança de encontrar um sentido
pra vida.
Mas depois de tanto tempo perdido,
descobri que sou apenas um fraco
tentando negar a existência da
minha essência.

Ruídos Mentais

O que há nos olhos de tão precioso?
Mas não são em todos os olhos.
Só nos olhos dela.

Feio...
O que é feio?
Por que o que foi bonito, agora é feio?
Só o momento eterniza a beleza.

Foco.
Desfoco.
Interesso.
Inspiro.
Onde está a minha atenção?
Aonde seus olhos me levarem.

Reflexão em Pequenas Doses

Aquilo que quero ser depende do que eu imagino em você.
Minha razão não tem capacidade de me transformar no que sou.

Escapar pra quê?
Aceitar pra quê?
Imagino e crio.

Reflexão em Pequenas Doses

Jogo tudo pro alto.
Como se fossem cartas de um baralho.
E entrego meu destino pra sorte.
Não quero te machucar.
Quero apenas viver.

Ruídos Mentais

Fico por aqui esperando um sinal da sua existência.
Como se isso significasse a continuidade do mundo.

Reflexão em Pequenas Doses

A verdade está escondida atrás de uma mentira.
A mentira me torna poderoso.
Por que eu tenho vergonha da verdade?

Ruídos Mentais

Quanto vale uma mente que produz algo indecifrável?
Por que tudo precisa ter um valor?
Se a vida não for indecifrável, ela não tem nenhum valor.

A arrogância se veste de virtude.
Aos vencedores toda a glória,
exceto a oportunidade da derrota.

Ruídos Mentais

A sombra de uma árvore guarda todos os seus segredos.
Não, eles não são mais seus.
Nem meus.
Pertencem ao submundo.

Reflexão em Pequenas Doses

O seu interesse não me interessa.
E assim vou caminhando para uma armadilha.
Até quando me interessar.

Ruídos Mentais

A essência de gostar de você é não saber direito quem você é.

E apenas imaginar o quanto estamos perdendo a cada segundo que não ficamos juntos.

Reflexão em Pequenas Doses

As ferramentas são as realidades das fantasias.
Elas dão forma ao que imaginamos.
E imagino que sem elas seríamos apenas alimento perecível.

Ruídos Mentais

Existe uma conexão entre nós.
Um olhar.
Um sorriso.
O jeito de andar.
O seu corpo fala e não é possível calar.

Reflexão em Pequenas Doses

Por que eu preciso de todo o conhecimento do mundo?
Por que eu preciso acabar com a humilhação do erro?
Por que aprender é tão difícil?

Ruídos Mentais

O que acontece no universo acontece também em mim.
Eu sou apenas uma parte do todo.

As coisas como são nem sempre serão suficientes.
Vivo para aprender a transformá-las.

Ruídos Mentais

O que há de tão mágico quando uma música toca e eu não consigo parar de pensar em você?
E que desespero quando toda a música me lembra você.

Reflexão em Pequenas Doses

Procuro um sentido em tudo.
Uma busca insana pela ordem racional.
Mas quando você aparece, toda ordem se desmonta.

Ruídos Mentais

Você está feliz?
Ou **indiferente?**
Como decifrar o seu momento?
Apenas com o meu pensamento.

Reflexão em Pequenas Doses

Um louco.
Um pouco.
Um rouco.
Não adianta falar.

Ruídos Mentais

Esta noite eu morrerei mais um pouco.
E pensarei em você e no que seremos juntos.
E viverei apenas para amanhã ter outra noite.

Reflexão em Pequenas Doses

Uma pesada pedra parece difícil de carregar.
Esculpi-la.
Construí-la
Destruí-la.
Os limites são apenas os nossos, não os da pedra.

Ruídos Mentais

Uma estátua ergue-se no meio da neve.
Solitária.
Como toda jornada humana na terra.
Solitária.
Com quem podemos contar?
Em quem podemos confiar?
A estátua continua estática.
E hoje, é apenas uma lembrança
do que poderíamos ter sido.
Para o bem ou para o mal.

Reflexão em Pequenas Doses

A essência de ser eu
é poder provocar meu lado mais perigoso,
e descobrir que sem ele eu não existo.

Ruídos Mentais

Encontro amigos antigos.
Fico com medo de perder a dignidade.
Então converso sobre banalidades
na esperança de que isso possa amenizar
o sofrimento de cada um.
Não alivia.
Se perco estes amigos porque emito opiniões
ácidas, onde encontrarei novos?
Se perco estes amigos porque mostrei
minhas fraquezas, onde encontrarei outros?
Estarei condenado a viver só.
Como se já não estivesse.

Reflexão em Pequenas Doses

Sou enfeitiçado todos os dias.
Acredito.
Sonho.
Vivo.
E a realidade vira um jogo.

Ruídos Mentais

Há uma parte de mim que ainda acredita.
Há uma parte de mim que ainda deseja.
Há uma parte de mim que adora ser enganada.

Reflexão em Pequenas Doses

Para os que sabem o valor das perdas necessárias, a jornada é o que realmente importa.

O fim é apenas o resto.

Ruídos Mentais

A distância que há entre nós talvez seja a única coisa que mantém a chama viva.
Talvez seja a única coisa que nos mantenha vivos.
Talvez seja a única vida possível.
Prefiro morrer.

Reflexão em Pequenas Doses

Será que importa se fazer entender?
Quem precisa me compreender?
Todos os outros ou apenas eu?

Ruídos Mentais

Sinto saudade daqueles pequenos momentos que me fazem querer acordar no dia seguinte.
E sinto saudade de sentir a saudade que senti.

Reflexão em Pequenas Doses

Um matador.
Um assassino compulsivo.
De baratas.
Um eliminador de insetos asquerosos.
De seres que ninguém dá nenhuma importância.
Compulsivamente, ele agita sua lata de inseticida e espirra o spray mortal.
E seu sucesso é silencioso.
Porque ninguém realmente se importa.

Ruídos Mentais

Para que serve a compreensão
senão para perdoar os erros do passado
e não repeti-los no futuro?

Reflexão em Pequenas Doses

O que mais gosto em você
é também o que há de mais misterioso.
Como posso me apaixonar tantas vezes pela mesma mulher?

Ruídos Mentais

Será possível desconectar o meu pensamento do momento em que vivo?
Será que eu sou um fruto desse momento?
Ou o momento é apenas um palco para o meu pensamento?

Reflexão em Pequenas Doses

A certeza absoluta não existe.
Ou existe?
Não tenho certeza.

Ruídos Mentais

Ter você
é ter que escolher antes de saber
o que só se sabe depois de ter.

Reflexão em Pequenas Doses

Seus olhos, atrás de óculos escuros,
eu não vejo.
Desejo.

Ruídos Mentais

Existem olhos nos quais posso ver a alma.
Profundos. Reais. Verdadeiros.
E azuis. Ou verdes.

O pensamento pode ser livre,
ilógico, irracional, irritante, ultrajante
e livre.

Ruídos Mentais

Eu preciso muito te dizer algo.
Imagino.
Ensaio.
Fico nervoso.
Não digo nada.

Reflexão em Pequenas Doses

É perigoso sentir o que é proibido.
E vivo preso entre regras e tradições.
Pra quê?
Por quê?

Pequenas coisas podem significar muito apenas se nós quisermos.

Reflexão em Pequenas Doses

Mesmo sob a luz das evidências,
não acredito num homem que é capaz de
forjar a verdade
para adequá-la às suas crenças.

Ruídos Mentais

A maldição da humanidade
é que as nossas conclusões estão
comprometidas
por aquilo que acreditamos.

Reflexão em Pequenas Doses

Pensar dói demais.
Pensar demais dói mais.

Ruídos Mentais

Hoje me lembrei dos seus pés.
E dos degraus que subimos.
E dos caminhos que passamos.
E das dolorosas despedidas.

Reflexão em Pequenas Doses

Você será recompensado se souber aceitar suas perdas.
Foda-se.

Ruídos Mentais

Algumas experiências definem a minha vida.
Intensas, não as trocaria por nada
apesar da dor que insistem em causar.

Reflexão em Pequenas Doses

O futuro não está na criação de novas tecnologias, mas na aceitação de novas formas de pensar.
Agora minha vida tem um propósito.

Ruídos Mentais

Eu sou um colecionador de ideias.
Eu sou um sonhador.
Eu sou.

Reflexão em Pequenas Doses

Insisto em sentir seu cheiro,
o perfume que se esconde por trás de seu cabelo,
e é capaz de parar o tempo.

Ruídos Mentais

Esconda-se.
Ninguém pode saber quem você realmente é.

Reflexão em Pequenas Doses

Tenho a grande sina de repetir os erros do passado.
Os mesmos erros que meus pais cometeram.
Os mesmos erros que meus avós cometeram.
É preciso coragem para acabar com o ciclo vicioso.
Porque quem ousa sair para romper com os erros
corre o risco de cometer outros erros.
Novos erros.
Que bom seria se eu cometesse erros novos.
Não ficaria preso aos meus vícios hereditários.

Ruídos Mentais

A essência da loucura é que nada precisa fazer sentido.
Basta aguentar as consequências.
Ou não.

O inferno é a impossibilidade da escolha,
não pela falta,
mas pelo equilíbrio das opções.

Ruídos Mentais

Quanto mais louco sou, mais rico fico.

Reflexão em Pequenas Doses

Por que faço a barba todas as manhãs?
Para sentir o cheiro de sangue.

Qual é o propósito em ser eu mesmo,
em vez de viver uma vida já programada em
mim?

Reflexão em Pequenas Doses

Eu tenho dificuldades em compartilhar o que é meu.
Um egoísta solitário, minha vida é só minha.
Mas dependo dos outros para existir.

Ruídos Mentais

Você está sendo enganado.
Por suas crenças.
Por seus desejos.
Por seus preconceitos.
Por sua ignorância.
Por você.

Reflexão em Pequenas Doses

Você destruiu tudo o que eu acreditava.
De novo.

Ruídos Mentais

No meio do caos, procurei você.
Mas só encontrei vestígios de quem não quero mais ser.
Você não estava.

Reflexão em Pequenas Doses

A fé é cega e cega aqueles que não querem pensar.
Seguir é uma solução confortável.
Até perceberem que são apenas lemingues enfileirados na beira de um abismo.

Ruídos Mentais

Se não houvesse mais nada a perder eu seria livre.
Mas você não se cansa desse seu jogo de me provocar
com a minha própria ideia de liberdade.
Será que, pelo menos no meu pensamento, eu posso ser livre?

O espaço é necessário para que não nos tornemos repetitivos.
A distância é essencial para que não nos tornemos iguais.

Ruídos Mentais

Algumas vezes você pode encontrar o que procura
sem saber que estava procurando.
E então você se apaixona.

Reflexão em Pequenas Doses

O que é perfeito está sujeito aos conceitos de quem julga.
E quem julga é submisso aos próprios preconceitos.

Ruídos Mentais

O desconhecido me atrai.
A rotina me mata aos poucos.
Aproveita-se das minhas pequenas
distrações diárias
e me envenena com visões do futuro
repetindo o presente.

Reflexão em Pequenas Doses

O veneno que escorre de sonhos impossíveis pode me matar.
E existe melhor maneira de morrer do que sonhando?

Ruídos Mentais

Precisa-se de alguém que vá a igreja aos domingos.
E que viva bem com isso.
Não consegui a vaga.

Reflexão em Pequenas Doses

Pra que abandonar o carinho e a compreensão?
Pra ficar sozinho.

Ruídos Mentais

O diabo promete uma vida de excessos
em troca da minha alma.
Deus pede uma vida de sacrifícios
em troca da minha alma.
Eu já fiz a minha escolha.

Reflexão em Pequenas Doses

Espero que um dia você possa ler o que escrevi.
E você saberá que foi por você.
Pelas dúvidas e certezas que você me causou.
Pelo inferno que passei.
Pela impossibilidade de negar
o caminho que estava na minha frente.
Pela vergonha.
Pelo medo.
Pela vida.
Por amor.

Ruídos Mentais

Ver seu rosto me deixou doente.
Eu poderia nunca ter olhado pra você.
Eu permaneceria um ignorante, vivendo a minha vida normal.
E não sofreria a cada vez que visse seus olhos ou seu sorriso.
Adoeci.
Não há como apagar o passado.
Não há como fugir do futuro.

Reflexão em Pequenas Doses

De todas as habilidades que o ser humano possui, a mais impressionante e mais assustadora é a capacidade de enganar a si mesmo.

Ruídos Mentais

O vazio acontece quando eu tento imaginar
o que você está fazendo agora.

Reflexão em Pequenas Doses

O trabalho deveria ser a parte do dia
na qual dedicamos nosso tempo e esforço
para facilitar a vida das outras pessoas.
E não apenas para ganhar dinheiro.
Mas não é.

Ruídos Mentais

O poeta não tem medo da morte.
Inspira-se pelos momentos finais.
Pelos últimos suspiros.
Pelas idas sem voltas.
E morrer até parece uma solução perfeita.
Na sombra da morte vive uma inspiração.
Porque morrer é como amar.
Não há saída.

Reflexão em Pequenas Doses

Quem sou eu?
Apenas uma vítima dos meus próprios desejos.

Ruídos Mentais

A sua presença me inspira.
Faço coisas que nunca imaginei fazer.
Sou grato a você por esses momentos.
Mesmo que você nunca saiba disso.

Por que aceitamos nos prender a instituições que nos protegem dos nossos desejos?

Será que somos tão autodestrutivos e perigosos para nós mesmos como achamos que somos?

Ruídos Mentais

A expectativa é tão grande que chego a vomitar.
Racionalmente isso não faz nenhum sentido.
Não existem monstros me esperando para me atacar.
Mas é como se houvesse.
Nenhum plano ou preparação poderia aliviar essa tensão.
E os monstros continuam soltos na minha imaginação.

Reflexão em Pequenas Doses

E assim passo mais um dia da minha vida, morrendo um pouco mais a cada hora que passa.

Ruídos Mentais

Quando olho pra você e sei que você sabe
que eu sei,
e eu sei que nunca saberei o que você sabe,
crio um pequeno mistério viciante em mim.

Reflexão em Pequenas Doses

Escrever é construir o futuro.
Um futuro de ideias lindas e perfeitas.
Nem sempre fáceis ou unânimes.
Escrever também é refletir o passado e o presente.
E perceber que estou preso a eles mesmo sem querer.

Ruídos Mentais

Não conformado com a forma sem sentido e
caótica,
não entendo,
não compreendo,
agrido.

Reflexão em Pequenas Doses

Um ruído me leva ao orgasmo.
Sou doente?
Diferente?
Ausente?
Ou extremamente presente?

Ruídos Mentais

Julgo uma pessoa por aquilo que ela faz?
Ou por aquilo que ela deixa de fazer?
Sou um pecador pela ação?
Ou pela omissão?

Reflexão em Pequenas Doses

Eu não sei tudo.
Mas finjo que sei.
Só pelo prazer de parecer superior a você.

O que eu sou, se não posso ser aquilo que sou?

Reflexão em Pequenas Doses

Como algo tão abstrato é capaz de produzir sensações tão concretas?
Músicas são memórias, desejos e medos.
E você é a minha música,
minha memória, meu desejo e meu medo.

Ruídos Mentais

Não vejo seu rosto,
mas percebo seu sorriso.
Quero acreditar que você me quer,
mas não tenho coragem.

Reflexão em Pequenas Doses

Me coloquem no meu lugar.
Me amarrem para que eu não me solte.
Assim não ameaço seus palácios de vidro,
nem suas verdades voláteis.

Ruídos Mentais

É só quando eu aceito que as coisas podem ser diferentes,
que elas começam a fazer sentido.
Nem todas as coisas precisam ter ordem.
Nem toda ordem precisa de disciplina.

Reflexão em Pequenas Doses

Não grito porque estou bravo.
Grito para esconder a minha incompreensão.
Grito porque meus recursos se esgotaram.
Grito porque estou desesperado.

Ruídos Mentais

Espero ter a coragem de admitir no final da minha vida,
todos os caminhos errados que escolhi,
todas as escolhas das quais eu me arrependi.
Mas não posso me arrepender de quem sou.

Reflexão em Pequenas Doses

Eu quero procurar
e continuar procurando,
sem ter que necessariamente encontrar.

Ruídos Mentais

Passei a vida inteira procurando algo.
É o que me moveu pra frente, o que me deu o futuro.
Essa inquietação, essa sensação de não ter encontrado.

Reflexão em Pequenas Doses

Faz frio.
Gosto do frio.
E da sensação de solidão que ele me dá.
O isolamento.
Me faz pensar.
Nada além de gelo.
O vento frio.
O branco e o azul.
Vodca.

Ruídos Mentais

Um homem solitário
depende de sua rotina para não perder a sanidade.
O café.
A mesma padaria.
O mesmo horário.
O mesmo lugar do balcão.
E vê outros solitários na padaria.
Todos os dias.
Pedindo os mesmos cafés.
Nas mesmas horas.
Sentados nos mesmos lugares.
E se sente mais humano.

Reflexão em Pequenas Doses

Gosto da loucura que existe no mundo.
Gosto de saber que existem coisas
que nunca imaginei nos meus sonhos mais
sinistros.
Tenho medo.

Ruídos Mentais

Notei uma grande marca roxa em seu braço.
Não combinava com o seu jeito de princesa.
Certamente tinha batido em algum lugar.
Ou tomado uma porrada.
Olhei pra você.
Você me olhou com a resposta nos olhos.
Entendi.
Se tivesse batido o braço em algum lugar,
você teria dito algo.
Mas não disse nada.
Prometi matá-lo.

Reflexão em Pequenas Doses

Seu cabelo jogado pro lado.
Seu cheiro.
Seu pescoço.
Mordo.
Você nem olha pra mim.
Fico louco.
Respiro fundo.

Ruídos Mentais

Eu não sei o seu nome.
Eu não sei quem você é.
Não sei as respostas.
Não sei as perguntas.
Mas você não sai da minha cabeça.

Reflexão em Pequenas Doses

Fui embora pra casa.
Você também.
No dia seguinte você estava de óculos escuros.
Não consegui ver seus olhos.
Não consegui ver sua alma.
Mas eu sabia que a alma não era mais a mesma.
Havia uma tristeza que não seria removida facilmente.
E você sabia que eu sabia.
Fui embora pra casa.

Ruídos Mentais

Sentada na cama, você tirou os sapatos.
Eu deitei na cama do jeito que estava, sem tirar os sapatos.
Você também se deitou.
Continuamos em silêncio.
Eu estava tranquilo como há muito tempo não me sentia.
O silêncio tomou conta do quarto.
Meu coração batia forte.
Ficamos assim por um tempo, um momento, ou talvez uma eternidade.
Sua doce e rouca voz quebrou o silêncio.
"Eu entendo a sua dor".
E ficamos em silêncio mais uma vez.
Você se virou pra mim.
Sobre mim.
Colocou seu peito sobre o meu.
Senti nossos corações batendo em sincronia.
Juntos.
Ao mesmo tempo.
Por um tempo, um momento, ou talvez uma eternidade.
Senti um tremor pelo corpo.
Uma mistura de emoções que eu não saberia descrever.
Algo muito maior que eu.
Eu acredito.
Você entende.
Palavras não eram necessárias.
Você tinha a chave para desvendar o que sou.
Gozei.
O silêncio permanecia.
Longo, suave, compreensível e suficiente.

Reflexão em Pequenas Doses

Um homem rabiscava palavras no chão da rua com um pedaço de giz:
"As palavras são verdades passageiras. As minhas verdades duram até a próxima chuva.
Mas não me importo.
É tempo suficiente para mudar o mundo."
Construiu sonhos.
Espalhou ideias.
Inspirou.
Revolucionou.
Choveu.

Ruídos Mentais

O trem passa de vez em quando
levando as pessoas e seus desejos.
Pura ilusão.
Continuarão todos escravos dos seus
desejos, mas mesmo assim, o trem passa.

Reflexão em Pequenas Doses

Não sou quem você pensa que sou.
Criei uma identidade falsa
e uso uma máscara para te enganar.
Não porque eu não goste de você.
Eu não te engano por maldade.
Eu te engano por amor.
Porque se você souber quem eu sou, talvez não me queira.
Então sou quem não sou.
Sou quem eu acho que você quer que eu seja.

Ruídos Mentais

Há algum tempo não tenho nenhum sinal de
você.
Vou tocando a vida.
Igual, como eu fazia antes.
Esperando que você venha me resgatar.
E me leve para o mundo dos meus sonhos.

Reflexão em Pequenas Doses

A definitiva deficiência que você possui é a necessidade de pertencer.
Ser amada.
Ser aceita.
Sua vida não é suficiente se você não pertence.
A minha é.
Talvez eu não seja humano.

Ruídos Mentais

As pessoas escondem suas vergonhas sob o tapete.
E dançam como se nada estivesse acontecendo.
Rezando para que o monstro que se alimenta de vergonhas permaneça preso em sua toca.
Ou torcendo para que alguém o liberte, antes que morram de tédio.

Reflexão em Pequenas Doses

Uma metade minha está à mostra.
Acessível.
A outra metade escondo.
Porque é preciso ter algo escondido para que se possa descobrir.

Ruídos Mentais

Existe uma necessidade de vingança oculta em cada gota de sofrimento.
Que queimem os suspeitos, culpados ou não.
Amanhã seremos nós.

Reflexão em Pequenas Doses

Abrir os olhos é assustador.
Escutar é embaraçoso.
Decidir é viver em dúvidas.
E ainda assim tudo isso é necessário.

Ruídos Mentais

Se as pessoas fossem completamente abertas,
não haveria motivo para procurar.
Mas as pessoas não são.
Você não é.
Existe um mistério em você
que me fascina, me intriga e me move.
Se as pessoas fossem completamente abertas,
não haveria motivo para viver.

Mesmo que você quisesse eu hesitaria.
Mesmo que você pudesse eu tremeria.
Mesmo que você soubesse eu engasgaria.
Mas se você partisse eu morreria.

Ruídos Mentais

Decidi que não serei mais um ser humano.
Meus desejos serão diferentes dos seus.
Minha aversão aos outros me isolará.
Sei que será uma experiência intensa e me levará ao limite.
E provavelmente não ficarei são.
Talvez eu não seja aceito no céu.
Nem no inferno.
Talvez eu vagueie por aí procurando saber o que sou.
Ou talvez você me reconheça.
E me aceite como eu sou.